Den Traumjob finden

Was möchte ich machen, und wie komme ich dazu, es ein Leben lang zu tun?

Johannes Samuel

Copyright © 2018 Baran Bayram

Alle Rechte vorbehalten.

ISBN:
9781790878437

Inhaltsverzeichnis

Vorwort 1

1. Wie finde ich meinen Traumjob oder meine Traumjobrichtung? *Von Schulfächern, Praktika und Talenten* 2

2. Die Chancen steigen! Jeder zweite Deutsche arbeitet in seinem Traumberuf! *Ergebnisse aus den Statistiken lasen hoffen und werden hier präsentiert* 8

3. Den Traumjob finden: 12

4. Die Elternplage und die Jobberufung oder „Das schwarze Schaf zwischen grauen und weißen Herden" *Wie man Eltern überzeugt und den Traumberuf für sich gewinnt* 16

5. Wie ich mit der richtigen Bewerbungs- und Eigenmanagementtechnik ein Bewerbungsverfahren gewinne oder mich selbstständig mache 25

5.1 Bewerbungs- und Eigenmanagementtechnik: Wie sollte eine Bewerbungsmappe aussehen? 27

5.2 Die Rückfragen: Einen langen Atem bewahren 31

5.3 Das Vorstellungsgespräch: Wie verhalte ich mich richtig? 32

5.4 Durch Praktika die Mitte finden: Den Traumjob über das praktische Ausschlussprinzip finden 38

6. Assesment-Center: Das Personal-Auswahlverfahren ...41

6.1 Assesment-Center-Arten: 43

6.2 Assesment-Center-Methoden: 45

6.3 Assesment-Center-Ablauf: 50

6.4 Potenzial-Analyse: 52

6.5 Development-Center: 56

7. Probezeit: Nicht zu viel erwarten, aber viel geben 60

8. Selbstständigkeit im Traumjob: Leistung anbieten, Lob bekommen. Schritt für Schritt 64

9. Digitalisierung und BGE 69

10. Was gibt's noch? Äpfel, Savannen und Outback 71

Den Traumjob finden

Was möchte ich machen und wie komme ich dahin, es ein Leben lang zu tun?

Vorwort

In diesem Ratgeber wollen wir uns damit beschäftigen, wie wir zum Traumberuf finden. Der Untertitel klingt euch zu rosig oder zu hochgestochen? Nun, man kann durchaus in seinem Traumjob arbeiten und das Jahre lang. Vielleicht auch ein Leben lang. Aber dazu gehört viel Disziplin, Wille und Überlebenskraft, die den sog. „langen Atem" definiert.

Ich möchte euch also erzählen, wie er den Traumjob findet, was ihr aus Talenten machen könnt und wie er – vielleicht selbstständig- die komplette Zeit bis zur Rente im Traumjob glücklich werdet. Dazu sprechen wir auch

NAME DES AUTORS

die digitale Revolution und das BGE an. Vor allem aber die Grundstationen ab Ausbildung und späterem Aufstieg. Wie bewerbe ich mich korrekt? Wie verhalte ich mich in Vorstellungsgesprächen und Auswahlverfahren um gegen andere Bewerber zu bestehen? Und wie soll meine Bewerbungsmappe aussehen?

Und wie Ihr seht, habe ich euch undistanziert persönlich angesprochen. Mit dem „Du". Da ich finde, zwischen Tür und Angel über Informationen auf dem Smartphone oder auch als Taschenbuch-Spicker sollte man locker und leicht verständlich vermittelt bekommen, was man hier sucht. Der vertraute Assistent ist euer Freund und mit dem seid ihr auch nicht per „Sie". ☺ !

1. Wie finde ich meinen Traumjob oder meine Traumjobrichtung?

Von Schulfächern, Praktika und Talenten
Zunächst einmal muss man die Richtung finden, in der man arbeiten möchte. Hat man ein Talent definieren sich die beruflichen Fragen nach dieser Richtung ganz anders als bei demjenigen, der nur eine Branche anpeilt oder sich noch überlegen muss, welche das sein soll.

Aus dem Grund erst einmal zu den Ausbildungssuchenden und Studienplatzsuchenden, die eine Richtung finden wollen oder gefunden haben, in der sie suchen. Um die richtige Branche zu finden, solltest Du Dich fragen, was Du gerne machst und dabei Freizeit und Schulbank miteinander verbinden.

Fragen könnten sein (nur ganz grobe Fragen erst Mal):

> ➢ Mein Lieblingsfach in der Schule oder mindestens zwei (falls man im Studium kombinieren will oder eine sich kombinierende Ausbildung sucht, z.B. Fachausbildung im Büro oder in der Medizin. Wie Gesundheits- und Krankenpfleger oder Pharmazeutisch-technische Assistentin. Da wäre z.B. die Fachkombination

von Chemie-Physik sehr gut oder von Gesundheitswesen und Chemie)
- ➢ Was mag ich gern in diesen Fächern?
- ➢ Übe ich das, was ich in meinen schulischen Fächern mag, auch in der Freizeit aus? Beschäftige ich mich fachlich damit? Z.B. wenn ihr den Sportunterricht mögt und außerhalb der Schulpflicht in einer Jazz-Dance-Gruppe seid?

Über diese Möglichkeiten könnt ihr die Branche oder den Studiengang filtern, in den ihr euch einschreiben wollt oder eben die Firmen, bei denen ihr euch bewerben wollt. Natürlich empfehlen sich auch Schnuppertage in Berufsschulen, Informationsabende eurer Stadt (Jobcenter empfehle ich nicht) oder Praktika. Bei den Praktika, die ihr privat macht, müsst ihr allerdings eine Versicherung von 5€ pro Tag abschließen, wenn der Betrieb keinen Praktikumsvertrag macht und diese Kosten übernimmt. Allerdings helfen diese Schnuppertage ungemein. Erinnert euch an das Schulpraktikum im 9. Schuljahr, falls ihr es schon hinter euch habt!

Wenn Ihr ein Talent habt, das ihr beruflich umsetzen wollt:

- Das Talent ist erkannt. Ihr malt, tanzt, schreibt, schauspielert im Theater, singt gern oder spielt ein Instrument? Ihr seid Profis im Fußballverein und wollt aufsteigen?
- Man kann nicht drauf warten, bis einen der Talentscout entdeckt, sondern sollte sich selbst motivieren, in Vereine eintreten, sich bewerben an Schulen, Fachschulen und Universitäten, je nach Studiengang. Berufe, das Talent einzubringen wären z.B. Musiklehrer oder Musikpädagoge, Studieren der verschiedenen Richtungen oder sich selbstständig zu machen, was sogar in einigen Berufsfeldern geht, die nicht zu einem Abschluss über Ausbildung oder Studium zwingen. Hierzu zählt u.a. der Journalismus.
- Wer schreibt, kann sein Talent in Literaturwettbewerben beweisen

Bitte unterschätzt nicht das Privileg, wenn ihr wirklich ein Talent habt dass ihr mit der Ausbildung formen könnt und in dessen Beruf ihr angestellt oder selbstständig wirtschaften könnt. Auch wenn Eltern und Freunde vielleicht verpönen, wenn ihr gut malen oder schauspielern könnt- traut euch! Denn der Beruf ist das, womit wir neben Schlafen die meiste Zeit verbringen. Hört sich erst Mal träge an. Aber stellt dir vor, dir gefällt das, was du 6-8 Stunden am Tag wirtschaften sollst, nicht! Das ist eine Horror-Vorstellung.

Von daher gilt: Unterschätze nicht dein Können, deine Neigungen und Talente und suche dir danach die Branche und den Beruf aus! Wenn es doch nicht passt, kannst du ja immer noch wechseln.

Kurzes Praxisbeispiel: Da plaudere ich jetzt mal von mir... Ich habe ein Talent und dachte immer, dass man davon nicht ausreichend leben kann. Besonders auch deshalb, weil mir das vom rational-konservativen Elternhaus so mitgegeben wurde. Die schätzten mein Talent nicht und taten es als Fenterei ab. Sie hätten sogar lieber erfunden, ich sei arbeitslos, als auf Fragen, was ich denn täte, den Menschen zu antworten: „Autorin". Nun sah ich mich nach etwas um, dass mich interessierte. Ganz rational. Ich machte Praktika und bekam mitunter eine Ausbildung angeboten. Und lehnte sie unbereut ab. Warum? Nach meinen Schnuppertagen stellte ich fest, dass ich zwar immer noch den Geruch von Zahnarztpraxen mag, aber der Beruf der Zahnarzthelferin (so nannte sich die Zahnmedizinische Fachangestellte damals) sowie der Zahntechnikerin nichts für mich ist. Das eine zu langweilig und zu feinfingerig und das Andere …nun ja. ..zu deutlich in den Mund schauend. Drücken wir es einmal so aus. Also: Macht euch eure Talente und Neigungen bewusst und nutzt vor allem Praktika!

NAME DES AUTORS

2. Die Chancen steigen! Jeder zweite Deutsche arbeitet in seinem Traumberuf!

Ergebnisse aus den Statistiken lasen hoffen und werden hier präsentiert

Sieht man sich Umfragen von 2016 an, die in Fachmagazinen veröffentlicht werden, so stehen die Zahlen gut, sich richtig zu entscheiden und da auch hinzukommen.

Und wenn ich mich auf das Eingangskapitel beziehe, freue ich mich, nach Statistiken zu lesen, dass Jugendliche bei den Entscheidungen ihrer Berufswahl keine Kompromisse eingehen. Das

BUCHTITEL

Meinungsforschungsinstitut TNS (Taylor Nelson Sofres) untersuchte zu einer These IST IHR HEUTIGER BERUF IHR TRAUMJOB im Jahr 2016 mehr als 1000 Deutsche, die hierzu ihre Meinung kundtun sollten. Im Ergebnis fanden sich 52,6% in der Angabe, dass sie in ihrem Traumberuf wirtschaften. Das sind 2,5% über dem Durschnitt und damit die Hälfte aller Deutschen. Das Ergebnis ist gut und kann sich auch prognostisch in einer positiv flankierenden Richtung sehen lassen. Das liest sich besonders gut in Zeiten des Bedingungslosen Grundeinkommens (BGE) das im Gespräch ist und laut Wissenschaftlern in 10-15 Jahren kommen soll. Auch, wenn es einige Meinungen gibt, die dagegen sprechen. Allerdings richtet sich das neue Zeitalter der Digitalisierung danach, dass der Mensch nicht mehr auf Lohn wirtschaftet, sondern weil ihm etwas Freude bereitet für das er entsprechend bezahlt werden will ohne die 40-Stunden-Woche einzuhalten. Denn laut Philosophen ist dass das Ursprungsprinzip der Wirtschaft, das sogar von Karl Marx vertreten wurde. Aber wir wollen nicht zu sehr in die Wissenschaft schreiten, sondern zu den Fakten und Vorschlägen. Sonst langweilt ihr euch noch in der Mittagspause beim Blättern in diesem eBook oder Taschenbuch. (Ich bevorzuge ja die Papiervariante im Print!).

In der Umfrage nennen 18,4% der Personen, dass sie in ihrem Wunschberuf tätig sind und für jeden Siebten (14,8%) hat sich die Tätigkeit innerhalb der Zeit im Job zum Traumberuf entwickelt. Diese Möglichkeit darf ebenfalls nicht differenziert werden, denn sie bedeutet ebenfalls, glücklich und zufrieden zu sein im Job und dadurch automatisch mehr zu leisten. Fast jeder Fünfte aus der Befragung gab an, dass der Beruf, dem er gerade nachkommt, seinem Traumjob sehr nahe kommt. Das machte innerhalb der Befragung genau 19,4% aus. Jugendliche bis junge Erwachsene im Alter von 14-29 Jahren sind überzeugt, dass sie ihren Traumjob gefunden haben, was 66% der dort befragten Personen angaben. Wer es allerdings nicht schaffte, den Beruf auch wirtschaftsökonomisch auszuüben, der konnte sich immerhin weiterhin im Bereich des Hobbys erfreuen, seine Talente und Fähigkeiten zu zeigen. Hierbei ließen es sich 6,5% innerhalb der Befragung nicht nehmen. Sieht man sich weitere Zahlen an, so haben sich 16,9% beruflich leiten lassen und zwar von der Vernunft. Hier spielte die Berufswahl keine Rolle und es ging den Befragten darum, einen sicheren Job zu generieren und sich dem klassischen Niveau eines sicheren

Einkommens hinzugeben.

Was allerdings in jedem Beruf wichtig ist, egal ob man im Traumjob wirtschaftet oder seine Verhältnisse „normal" verdient durch die einfache Arbeitsleitung ist das Arbeitsklima. Mit Chefs und Kollegen sollte man sich schon gut verstehen, denn das ist immerhin wichtig, um gute Leistungen zu erzielen, sich gegenseitig zu motivieren und Mobbing vorzubeugen. Aber da machen wir uns nichts vor, den letzteren Aspekt kann man leider nirgends ganz ausmerzen, denn jeder Betrieb besteht aus weißen und schwarzen Schafen. Oder habt ihr schon einmal irgendwo ein graues Schaf stehen sehen? Die Tatsache eines funktionalen und gut fundierten Arbeitsverhältnisses ist psychologisch betrachtet sogar ein Fundament dass die Zahlen des Einkommens überan stellt. 85,7% freuen sich über ein gutes Arbeitsklima und 78,6% legen zudem Wert darauf, dass der Arbeitsalltag sich als sehr abwechslungsreich gestaltet. Auf dem vierten Platz finden sich 69,6% denen die gute Bezahlung wichtig ist. Immerhin kommt sie noch und das auf einem der höchsten Ränge. Und wenn man bedenkt das nur 2,2% angeben, allein für den Broterwerb zu arbeiten, haben wir doch sehr gute Zahlen über die Umfrage von TNS erreicht.

3. Den Traumjob finden:

Steht das, was ich tun möchte unter einem guten Stern?
Nun, in die Zukunft sehen kann niemand. Auch, wenn
Hellseher und Weissager das glauben oder den Glauben
daran verkaufen. Übers Kartenspiel.
Was vor zwanzig Jahren noch als guter Job und
zukunftssicher galt, ist es heute in vielen Sparten nicht
mehr. Dafür ist neues hinzugekommen. Man muss also
immer schauen, was man erreichen möchte und wie man
das Talent im Beruf an die aktuellen Berufszweige- und
Bilder in Veränderung anpassen kann. Glück gehört
natürlich dazu, wenn man sich selbstständig machen will
oder eine Anstellung auf Bewerbung findet. Kapitel
auch. Der eine muss es investieren, z.B. in
Freiberuflichkeit und Start, der Andere will gut

verdienen.

Vorab kann ich nur nochmals darauf verweisen, Praktika zu machen, denn vom Zuschauen lernt man nichts. Das sagte schon meine Oma. Klingt altmodisch-verplompt, ist aber so.

Den Traumjob zu finden bedeutet also auch gleichzeitig, ihn immer für gut zu heißen. Das ist nicht so einfach, denn wir entwickeln Alltagsroutine. Im Job. Die brauchen wir auch. Denn die Arbeit muss uns fix und leicht von der Hand gehen und hätten wir ständig Euphorie oder das Phenylethylamin im Gehirn, würden wir verrückt. Und könnten nicht arbeiten. Das Letzte ist übrigens das Verliebtheitshormon, das nach zwei Jahren Liebesphase nachlässt. Da gehen die meisten Beziehungen kaputt. Im Kontext bedeutet das, einen Job zu finden, der auch langfristig Freude bringt oder die Harmonie, es mit ihm auszuhalten. Wir sind schließlich mehr auf der Arbeit als in der Freizeit. Daneben schlafen wir viel. Zudem bringt die Arbeit Geld und damit Existenz und je mehr Geld man hat, ist sämtliches Lebensniveau höher, weil alles Geld kostet. Selbst die Freundschaft. Wenn man ausgeht oder sich im Verein trifft- das alles kostest auch etwas. Die Freude im Job überträgt sich auf alles.

NAME DES AUTORS

Mach Praktika, Ferienjobs und Nebenjobs in der Branche, in der du später gern arbeiten möchtest. So kann jemand, der meint, dass ihm der Journalismus liegt, bei einer Tageszeitung Artikel verfassen. Am Anfang bemerkt man, wie schwer es ist, die richtige Schreibe zu entwickeln. Und dann noch innerhalb kurzer Zeit. Für fast kein Geld. So war es auch bei mir, als ich über einen Klosterfrauenverein aus einem Nachbardorf berichten sollte. Bis die Schreibe gut gefeilt ist braucht man Jahre und wer mehr als die Arbeit bei einer Lokalzeitung erwartet, sollte sich erst recht trainieren.

Man kann den Traumberuf und das Talent auch durch Multipli Joice-Fragen finden oder durch Praxistage, die an Schulen angeboten werden.

  Hier mitunter das Folgende:
Mentoringprogramme, die zur Berufsfindung dienen und dabei helfen, den richtigen Job zu finden.

Die Komplizen-Ein Programm, dass sich an junge Leute zwischen 13 und 18 Jahren richtet, die bei der Berufs- und Studienwahl durch einen Mentor unterstützt werden sollen. Die Mentoren in diesem Programm entstammen der Wirtschaftsbranche und stellen ihre Berufe vor. Vielleicht ist auch für dich einer dabei! Website: http://www.die-komplizen.org.

BUCHTITEL

Jump in Mint: Hierbei geht es darum, auf die Mintfächer vorzubereiten, wenn du so etwas studieren möchtest in der Richtung. Bist du talentiert in Mathematik, Naturwissenschaften, Ingenieurswissenschaften, Technologie, Energie und Handwerk? Dann solltest du hier einen der Praxistage wählen um dich ausführlicher über diverse Fächer und deren Kombinationen zu informieren. Vielleicht findet sich an der Stelle das passende Studium das du mit diversen Talenten kombinieren kannst. http://www.jump-in-mint.de.

4. Die Elternplage und die Jobberufung oder „Das schwarze Schaf zwischen grauen und weißen Herden"

Wie man Eltern überzeugt und den Traumberuf für sich gewinnt

Mit dem Traumjob im Einverständnis sind Eltern selten. Oft wünschen sie sich für ihre Kinder eine gute und fundamentale Grundlage, was auch nicht schlecht zu reden ist. Was aber nun, wenn du Tänzerin oder Schauspielerin werden möchtest oder lieber Töpfern willst und Blumenbucketts herzaubern möchtest anstatt die Apotheke deiner Eltern zu übernehmen?

Eltern zu überzeugen ist schwer und wer nicht überzeugt werden will, dem kann man ohnehin nicht die goldene Seite erklären. Von daher hilft da nur die Selbstdisziplin trotzdem den eigenen Weg zu gehen. Wer aber sein Kind schon früh gefördert hat und es zum Beispiel im Verein stets hat aufsteigen sehen, der wird sich nicht verdenken, wenn der Berufswunsch aus dem Hobby resultiert. Und wer will denn bitte keinen glücklichen Sohn oder eine zufriedene Tochter haben? Die Erfüllung liegt im Beruf und seinen Möglichkeiten. In der sogenannten Berufung. Woran erkennt man die denn?

Die Berufung und ihr Labyrinth zum Erfolg

Dass es nicht einfach ist, das, was einem beliebt zum Beruf zu machen, wurde bereits gesagt. Besonders dann, wenn es um eine künstlerische Richtung geht. Um aber zu wissen, ob es sich bei der ausgewählten Sache wirklich um die Berufung handelt und ob der Weg der Richtige ist, um in diesem Beruf Karriere zu machen und aufzusteigen, kann man 5 Tipps auf dem Weg durch den Irrgarten nutzen. Du kannst dir das auch wie ein Zauberknäuel vorstellen, dass du häkelst und an jeder Station entdeckst du eine neue Überraschung, die dich entweder glücklich macht oder nicht.

1. Reflexionsweg. Der bisherige Lebensweg der berufliches und privates verknüpft

Hierbei solltest Du vom ersten Weg an schauen, was deine Hobbies und Neigungen sind und zwar von Ferienjobs über Praktika und sämtliche Arbeitsstellen vor oder nach der Ausbildung (je nachdem, ob du die Ausbildung schon hinter dir hast und nun nach weiteren Herausforderungen die Ausschau hältst). So kannst du herausfinden ob deine Neigungen in der Zusammenarbeit mit Menschen liegen (z.B. Krankenpflege) oder ob du lieber reisen möchtest und dabei in einem Stressintervall mit Verwaltung und Menschen zu tun hast (….bei der Bahn) oder ob du kreativ bist und Fingergeschickt verspürst (Zahntechniker, Handwerksberufe, KFZ). Du wirst feststellen, dass es eine Sparte gibt in der du schon immer Freude hattest und dieser Bereich wäre sodann ein Berufszweig in dem du Fuß fassen könntest. Denn man sollte gerade bei Talentberufen bedenken, dass Studiengänge und Ausbildungen nur dazu dienen, etwas auszuformen, aber nie dazu, es zu erlernen. Ich erinnere mich an den Besuch seiner Ballettschule in die meine Klassenkameradin ging nachdem alle „Anna" 1987 im Fernsehen gesehen hatten und die Wiederholungen am Anfang der 1990er Jahre. Ich wollte nur zuschauen, sollte dann aber mitüben. Ich kam mir dabei vor wie Silvia Seidel als sie zum ersten Mal vor Irina Kralowa stand mit ihren wackligen Beinen und alle lachten. Die Ballettlehrerin, die ebenfalls sehr streng war wie die

Kralowa, sagte zu mir: „Nee, das hat keinen Sinn."
Dabei war Tanz nicht mein Traum, sondern die Schriftstellerei. Als Realist aus konservativer Familie sah ich mich daher nicht nach dem Traumberuf und meiner Fähigkeit um, sondern danach, lieber Polizistin werden zu wollen. Dass war die Antwort in der Grundschulzeit, wenn man mich fragte, was ich denn mal werden wolle. Das es mit dem Traumjob klappt und Polizisten Bürohüter sind und ich diesen Job heute nicht mehr verehre, konnte ich ja nicht wissen. Aber drauf hin arbeiten.

Schaut also nach euren Neigungen, um glücklich zu werden, denn er verbringt mindestens 6 Stunden an fünf Tagen die Woche bis zur Rente in dem Job, wenn alles normal läuft. Auf jeden Fall im Berufsleben!

Und wo wir schon bei der Kindheit sind…

2. Blick in die Kindertage

… bleiben wir auch da. Wenn ihr euch erinnert, was euch in der Kindheit Spaß machte und auch heute noch, könnt ihr kombinieren. Vielleicht auch mit einer anderen Sache, in der sich beruflich Hobbies und Talent oder Können vereinen. Zum Beispiel Zeichnen und schreiben als Werbekauffrau oder Grafikerin oder im Online-Marketing selbstständig machen. Hierzu kann ein Studium in Kommunikationsdesign passend sein.

Wer Tiere mag und gern in der Natur arbeitet, kann zum Beispiel auf einem Reiterhof tätig werden. Es gibt viele Möglichkeiten.

3. Wo liegt der Ansporn?

Wer wissen will, was ihn wirklich motiviert muss Vordringen in sein Unterbewusstes. Überleg dir, was du gerne magst und wozu du selbst als Morgenmuffel aus dem Bett kommst. Womit kann man dich anlocken? Vielleicht hast du große Reiselust und bist am Tag vorm Urlaub besonders gut drauf? Oder wenn ein Fest ansteht? Ein Sportprojekt?

4. Konzentration auf Stärken

Denk nicht an deine Schwächen, sondern schau nach vorn und schaue auf die Stärken. Hier bekommst du Lob und Aufmerksamkeit. Weil du etwas gut kannst. Schwächen muss man nicht ausbauen. Man kann sich nie komplett ändern, sondern nur an einigen Charakterzügen feilen, um sich zu verbessern. Hat man aber in etwas eine deutliche Schwäche wie in

Konzentration oder der Mathematik und anderen MINT-Bereichen, sollte man keine Schwäche ausbauen, sondern das nutzen, was man kann. Und ob Talent oder Fähigkeit: Eins von beiden hat jeder und das ist immer individuell ausbaufähig! Wichtig ist, dass du dich auf deinem Weg von niemand beirren lässt, sondern dir selbst vertraust! Folg deiner Freude und vielleicht schaffst du es ja dann wirklich irgendwann, dass dein Hobby zum Beruf gemacht werden kann!

Allerdings ist das Prinzip „Nutze den Tag, als ob es dein letzer wäre" eher schlecht. So setzt man sich zusätzlich unter Druck und kann nicht mehr richtig leben und genießen. Keiner kann jeden Tag so nutzen, als ob es der Letze wäre und das muss man auch nicht.

Zudem sollte man Schwächen lieben lernen und nicht auf die kommerziellen Glücks-Ratgeber vertrauen. Wer sich ändert, merkt erst, wie sehr er seine Lasten mag oder wie wenig sie ihn stören. Und wer dich auffordert, zigtausend Dinge zu ändern, der ist nicht richtig in deinem Leben. Den solltest du aussortieren (leichter gesagt, als getan). So auch mit störenden Frequenzen auf der Suche nach dem Traumjob.

5. Was wäre wenn...? Was würde ich gern sein und wo?

NAME DES AUTORS

Ein bisschen Philosophie im Alltag

Hierbei steht die Frage nach den Dingen, die man noch nie getan hat, aber gern mal tun würde, im Vordergrund. Stell dir vor, du könntest dich entscheiden, in welcher Zeit du lebst, wer du gerne wärest oder wo du gern leben würdest. Zugegeben kannst du auch jetzt mit allem zufrieden sein und willst gar nicht woanders hin. Aber man hat ja Träume. Und mit der Filterung des Unterbewusstseins kann man diese zufriedenstellend begleiten, herausfinden und verwirklichen. Wer ins Mittelalter zurück will, schafft das nicht mehr, kann aber einem Verein beitreten, der sich damit beschäftigt. Zum Beispiel im Theater, im Schützenverein oder einem mittelalterlichen Festzugsgemisch. Hierbei kann man auch herausfinden ob Neigungen zu Mode, Kunst und Theater bestehen, die beruflich ausgebaut werden können. Darüber kann ebenfalls der Traumjob gefunden werden.

Wer kunstgeschichtlich interessiert ist, kann das ebenfalls über die Wäre-Wenn-Hinterfragung herausbekommen. Interessiert du dich für Gemälde, Skulpturen und alten Schmuck? Altes Spielzeug wie die Käthe-Kruse-Puppen?

Über diese Filter-Funktion kann man unerfüllte Träume und Sehnsüchte kennenlernen und so seinem Berufsziel viel näher kommen.

Höre auf die die Stimme deines Herzens!

Zurück zu den Eltern:

Berufsberater der Agenturen für Arbeit stellen seit einigen Jahren fest, dass immer mehr Eltern mit zur Beratung kommen. In Zahlen sind das 30% die Schulabgänger in Begleitung mitbringen. Darunter nicht nur Mütter und Väter, sondern auch Großeltern. Allerdings ist ein Zwiespalt zwischen Abiturienten und Realschul- sowie Hauptschulabgängern auszumachen. Die Eltern der Studienplatzsuchenden engagieren sich häufiger. Vor 15 Jahren sei das noch anders gewesen. Hier waren die Mütter und Väter nie dabei und die Beteiligung lag bei 8%. Das hat sich doch sehr gewandelt. Inzwischen wird auf Campus-Veranstaltungen ausdrücklich darauf verwiesen, dass auch die Eltern willkommen sind. Dazu kommen mehrstündige Beratungen zwischen Eltern und Kindern innerhalb der Studienberatung vor Ort in der die Eltern zunächst mit dabei sind und nach der ersten Stunde herausgehen. Dann setzt sich der Berufsberater ganz allein mit den Studierenden oder sich Einschreibenden auseinander. Am Ende werden dann sozusagen die Ergebnisse präsentiert. Insgesamt wird hier im Fazit von positiven Erfahrungen gesprochen, da sich die Generationen untereinander stärken, schätzen und ergänzen. Vorausgesetzt man versteht sich gut mit seinen Eltern. Viele Studienberater finden es plakativ und impulsgebend, die Eltern kennenzulernen um sich ein Familienbild zu machen.

Also: Überzeugt eure Eltern. Auch dann, wenn es erst in der Studienberatung klappen sollte. Immerhin eine Möglichkeit.

5. Wie ich mit der richtigen Bewerbungs- und Eigenmanagementtechnik ein Bewerbungsverfahren gewinne oder mich selbstständig mache

Da wir hier ein lockerer Ratgeber, gepikt mit einigen Infos aus Statistik und Bewerbungsalltag bleiben wollen, der sich mit dem Traumberuf beschäftigt, will ich im Kapitel nicht zu viel davon erzählen, welche Techniken es gibt, wie sie angewandt werden und was die schlauen Bücher und die Befragten, die sie anwenden, erzählen. Denn ihr sollt nicht gähnen, wenn er in der Mittagspause oder in der Knopperszeit in diesem Ratgeber blättert.

Das Problem, das jeder hat, der sich bewirbt ist die Konkurrenz. Es heißt also einen Weg zu finden sich gegen die anderen Traumjob-Finder und Sucher durchzusetzen die eine Stelle anvisieren. Das ist übrigens in der Selbstständigkeit ganz genauso, denn hier ist die Konkurrenz in den Aufträgen zu sehen, die ausgeschrieben werden. Viele bewerben sich und einer bekommt es. Deshalb sind die zahlreichen und einzigartigen Webseiten und Präsenzen in Sozialen Netzwerken die Idee sich zu präsentieren und Follower zu bekommen die finden, beauftragen und das Gute weitergeben!

In jedem Fall muss man sich von anderen abheben. Ob man sich nun auf Jobs oder eine Arbeitnehmerstelle und Ausbildungsstelle bewirbt. Hier lassen wir mal die Uni und das Studium raus, sondern beziehen uns auf Berufe nach Ausbildung und Studium. Traumjob gefunden, darin ausgebildet oder nicht, will sich nun praktisch zeigen und arbeiten!

5.1 Bewerbungs- und Eigenmanagementtechnik: Wie sollte eine Bewerbungsmappe aussehen?

Sie sollte so aussehen, dass man bemerkt, dass es sich um dich handelt und nicht um eine nachgebildete Bewerbung, die so kopiert ist, dass man überzeugen will, aber keine Selbstdarstellung liefert. Damit meine ich, dass die Bewerbungsmappe den gültigen formalen Standards entsprechen sollte, aber nicht zu wenig und zu viel Text enthalten sollte. Und keine Standardfloskeln wie „ Ich arbeite gern mit Menschen" oder „durch ein

Praktikum konnte ich bemerken, dass dieser Beruf der Richtige für mich ist."

Die Technik einer Bewerbungsmappe bzw. des Anschreibens sollte wiederspiegeln, dass du den Weg aufzeigst, der dazu geführt hat, dass du weißt, dass die Stelle im ausgeschriebenen Betrieb für die Tätigkeit des Berufes, der dort ausgeübt werden soll, auf dich passt. Sie ist dein Traumberuf. Und deshalb solltest du dich im Anschreiben genau so ins Zeug legen wie auf dem Pfad der Suche.

An dieser Stelle einfach ein paar Fakten für eine gute Bewerbungsmappe:

- Foto rechts auf dem Lebenslauf einprägen (im Ausdruck, also nicht anheften, denn das tut man nicht mehr)
- Anschreiben nicht mehr als zwei kleine Absätze, keine zu langen Sätze. Keine zu neutralen Formulierungen und keine Aufbauscherei
- Präsentier dich und was du kannst – indem du die Stärken unter die Überschrift des Anschreibens setzt und zwar unter die Zeile in der steht, auf welche Stelle du reagierst

- Die Stärken sind in Stichworten zu präsentieren und nicht mehr als 3 nehmen (wenn du sie schwer findest, erinnern dich daran, was du an deinem Traumjob liebst und welche Stärken du dafür mitbringst. Z.B. Disziplin beim Malen oder Kontaktfreude bei Berufen mit Menschen, wissbegieriges Interesse usw.)
- Erzähl wo du derzeit arbeitest oder was du machst und warum du dich exakt für diese Stelle bewirbst, evtl. auch, wo du sie gefunden hast.
- Gib an, dass du ein unbefristetes Verhältnis liebst. Wenn Führungsaufgaben zu vergeben sind, dann benenne direkt, warum du dich gut einbringen kannst. Dabei erwähne, was du aus der bisherigen Tätigkeit mitbringst. Und keine Angst: Auch wer nur eine Ausbildung oder ein Studium bisher gemacht hat, kann Noten und Fachbereiche und Aufgaben aus dem Betrieb aufführen, die ihm besonders gelungen sind und wobei er auch mal ein Lob vom Chef einholen konnte

Wichtig: Klammer die einzelnen Blätter aneinander, aber nicht mit Heftklammern und Reißzwecken sondern über den Tacker, also mit der Heftklammer über das

Heftgerät. Warum ich so etwas Unwichtiges schreibe, wenn es um die Bewerbung für deinen Traumberuf geht? Eben. Weil es darum geht. Der Chef oder Personaler hat zig Bewerbungsmappen vorliegen und wenn er noch daran herumfummeln muss bis er Teile auseinandergebracht hat, wird es ihm zu viel und alles wird beiseitegelegt. Das willst du doch vermeiden, oder?

Genauso ist es mit dem Text. Nicht zu viel, sondern kurz und knapp was du jetzt machst, wer du bist und warum du in der Firma in der Stelle arbeiten möchtest, auf die du dich dort bewirbst.

5.2 Die Rückfragen: Einen langen Atem bewahren

Frag nicht zu oft und zu schnell telefonisch nach wie die Entscheidung im Bewerbungsverfahren ausgefallen ist. Wer zu viel fragt und zu oft, der nervt und wird aussortiert. Ich weiß, dass für Leute mit wenig Disziplin besonders schwer ist. Aber behalte immer deinen Weg im Rückhalt und die Chance die sich in deiner Suche nach dem Traumberuf aufgetan hat.

Wenn du telefonische Rückfragen tätigst, solltest du dich zudem immer mit Namen und „Guten Tag" melden und sachlich-neutral sprechen, damit nichts zu aufdringlich wirkt.

5.3 Das Vorstellungsgespräch: Wie verhalte ich mich richtig?

Nun ist es soweit: Du wurdest zum Vorstellungsgespräch eingeladen. Natürlich freust du dich, aber je näher der Termin rückt desto aufgeregter bist du, weil du nicht weißt, wie du dich verhalten sollst. Ich möchte dazu kurz von meinem allerersten Vorstellungsgespräch berichten und wie ich mich gefühlt habe und was ich auch alles falsch gemacht habe. Denn auf die Fehler gucken wir mehr als auf das was uns gelingt und aus ihnen wollen wir lernen und schöpfen. Im Anschluss möchte ich von späteren Vorstellungsgesprächen erzählen, was sich verbessert hat und wie es zu Jobs kam! Auf geht es!

BUCHTITEL

Mein erstes Vorstellungsgespräch hatte ich im Frühjahr 1999. In einer Krankenpflegeschule. Es ging um die Ausbildung zur Krankenschwester, wie sie sich damals noch nannte (seit 2004 nicht mehr). Ich wusste nicht, was und vor allem wie viele Prüfer des Selbst mich hier erwarten. Von Vorstellungsgesprächen keine Ahnung, anders wie Alle und mit Tipps aus Bewerbungsbüchern ging ich zum Vorstellungsgespräch. Zu Hause wurde über grundlegende Lebensthemen nicht gesprochen, sondern aus Büchern, die man in die Hand gedrückt bekam, gelehrt. In die Lektüre zum Vorstellungsgespräch hatte ich mich kaum eingelesen. Und ging los. Viel zu bieder gekleidet, unvorbereitet und schüchtern. Ich will jetzt nicht von Tipps für Schüchterne schreiben, denn das würde vom Thema ablenken und wer schüchtern ist, strahlt das sowieso aus. Wenn es sich dabei um einen Beruf handelt indem du nicht viel kommunizieren musst, wie z.B. eine Verwaltungsangestellte, die nur reine Schreibarbeiten übernehmen würde, ist das ja nicht sonderlich schlimm. Allerdings verweise ich an der Stelle darauf, etwas gegen die Schüchternheit zu tun. Dazu helfen nicht unbedingt Ratgeber. Sie dienen zur Anleitung, wo das Problem liegt. Hier geht es nur mit aktiver

Konfrontation.

Ich ging hin. An einem grauen Nachmittag schlich ich durch die Glastür der Krankenpflegeschule, meldete mich an und wurde ins Wartezimmer mit meiner Klassenkameradin verwiesen. Die Bewerbungsmappe lag Wochen vorher auf dem Tisch und hier wird so gut wie jeder eingeladen. Ich hatte es also nicht in die zweite Runde geschafft in dem Sinn. Hört sich niederschmetternd an, kann aber auch eine Chance sein eine Stelle zu bekommen. Und sich vorzustellen, bevor man aussortiert wird und vielleicht im persönlichen Gespräch dann doch wie ne 1 glänzt!

Im Gespräch saßen drei Leute vor mir die mir diverse Fragen zu meinem Werdegang und zu dem Praktikum, das ich zuvor im Krankenhaus absolviert hatte, stellten. Ich war schüchtern und unvorbereitet und antwortete mit kurzen und knappen Sätzen oder mit JA und NEIN. Es wäre besser, man weiß vorher, dass man von drei Personen im Sekundentakt befragt wird, denn darauf war ich überhaupt nicht vorbereitet. Nun sollte ich von meinen Neigungen und meinem Praktikum berichten und was ich für Hobbies habe. Diese Drei machten sich über mich lustig, auch über das Erscheinen im

BUCHTITEL

Businesskostüm, das ich von Haus aus unbedingt anziehen sollte. Ich erzählte dass ich Bücher lese und einer der jüngeren Herren fragte mich, was für Bücher, Katzenbücher? Und ich nickte wie wild und grinste wie blöd. „Ja, Katzenbücher." Das war die Antwort. Es war einfach nur peinlich vor diesen ziemlich hochnäsigen Leuten zu sitzen, die offenbar auch Spaß daran hatten die unbedarfte und schüchterne Person hochzunehmen. Am Ende fragte ich noch Informationen zum Krankenhaus, was man mir von Zuhause ebenfalls aufgedonnert hatte. (Holt euch solche Infos vorher. Wenn ihr am Ende etwas haben wollt, dann stellt Fragen, die man nicht so einfach in der Broschüre findet. Z.B. über Statistiken oder Personalbedarf – je nachdem, ob ihr euch im Büro bewirbt oder nicht.)

Natürlich habe ich die Stelle nicht bekommen. Aber ich war auch froh, da Krankenschwester kein Beruf für Schüchterne ist und es ja auch dazugehört, die Menschen zu waschen. Das ist nicht meins.

Aber wie macht man es denn nun richtig?

Nun ja, wirklich viele Vorstellungsgespräche hatte ich danach nicht, da der eingeschlagene Weg einer Selbstbehauptung bedarf als sich irgendwie für eine

Ausbildungs- und Arbeitsstelle mit vielen Bewerbern durchsetzen zu müssen. Bei schulischen Ausbildungen, Studien und Praktika geht es darum sich fachlich in Probearbeiten, Referenzen und Arbeitsmappen in Eignung und Prüfung zu beweisen.

Allerdings hat jeder seinen Traumjob. Meiner war der der Schriftstellerin. Als Kind aus der konservativen Ecke mit Realismus, wie eingangs in den ersten Kapiteln erwähnt, war mir also klar, dass das wohl nix wird und die Motivation neben dem disziplinären Weg es auszuprobieren wurde weggeschoben. Geschrieben habe ich aber als Kind ständig meine Geschichten, die mir beim Putzen einfielen. Dabei fiel mir auch ein mich in Apotheken und Arztpraxen zu bewerben, weil das alle Mädchen so machen und ich nichts besseres wusste. Hier bekam ich nicht mal Einladungen aus diversen Gründen.

Vorstellungsgespräche bedürfen vor allem der Tatsache selbst nicht zu viel zu fragen, präzise zu bleiben und das Gegenüber beim Sprechen anzuschauen. Also in dem Fall den Menschen der vor einem sitzt. Kurze und nicht zu lange Sätze, die aber auch nicht allzu kurz sein sollten, stehen an der Tagesordnung. Erzähle von deinen

Hobbies und berichte zum Beispiel von deinem Tier wenn du dich als Tierarzthelferin bewirbst. „Ich habe eine Katze mit der ich tägliche Apportierübungen mache und die einen Kratzbaum besitzt. Als Wohnungskatze ist sie sehr reinlich." Präsentiere dich von der besten Seite und lauf nicht zu aufgetakelt herum. Kleide dich ganz normal in schwarzer Hose und weißem T-Shirt, mit schwarzen Leder- oder Lackschuhen, ohne Blazer. Auch Frisur und Make-Up sollten nicht zu stark auftreten. Das gilt für Männer wie Frauen im Look der Freizeit und des Business die Mitte zu finden und sich die Haare nicht zu stark zu gelen.

5.4 Durch Praktika die Mitte finden: Den Traumjob über das praktische Ausschlussprinzip finden

Meine realistischen Traumjobs waren damals Zahnarzthelferin und Zahntechnikerin. Heute nennen sich diese Berufsbilde Zahnmedizinische Fachangestellte und Zahnprotetiker. Ich liebte den Geruch von Zahnarztpraxen und wollte einem Beruf hinterherlaufen, der zwar nicht ungewöhnlich ist, aber dem nicht alle jungen Dinger hinterherjagen. Allerdings hatte ich unterschätzt, wie es ist, in Münder zu schauen. Denn als ich ein Praktikum in einer Zahnarztpraxis machte und danach auch noch eine Ausbildungsstelle angeboten bekam, lehnte ich die bis heute ab. Ich sollte im Praktikum assistieren und hätte mich fast übergeben. Ein Ekel anderen Menschen in den Mund zu schauen. Dieser Beruf war wahrlich nichts für mich.

Später ging es zum Praktikum beim Zahntechniker,

dessen Neupfundländer ebenfalls mitwirkte. Ich dachte – das könnte es sein, obwohl ich noch nie Fingerfertig besaß. Gelangweilt ohne Ende saß ich vor einem Gebiss rum dass ich formen sollte. Man kümmerte sich auch nicht um mich. Aber dass dies kein Beruf für mich ist, wusste ich auch so. Denn der Alltag eines Zahntechnikers besteht nun Mal daraus, Gebisse herzustellen.

Über dieses Ausschlussprinzip könnt ihr auch zum Traumjob kommen, denn es muss ja nicht immerzu eine künstlerische Tätigkeit sein, in der ihr arbeiten wollt, sondern ein normaler Beruf. Gleichzeitig heißt es aber nicht, kollektiv Trübsal mit denen zu blasen, die nun aufgeben und irgendwas arbeiten. Nein, ihr müsst nicht den Müll hin und her fahren, sondern könnt das Ausschlussprinzip nutzen. Wie? Ich wusste nun dass die Arbeit in Arztpraxen und mit technischen Fingerfertigkeiten nichts für mich ist. Das wusste ich auch vorher, zugegeben. Aber durch die Praxis kann man sich das nochmal verdeutlichen die Finger von solchen Berufen zu lassen, die nicht zu einem passen. Das hilft dabei in eine Richtung zu gehen, die erfolgreicher ist und sich dort zu bewerben und dann hoffentlich genommen zu werden. Das Glück ist immer gewünscht. Manchmal geht es nicht ohne. Denn der Weg ist auch steinig. Denn: Große Betriebe wählen gern durch Einstellungstests und Assesment-Center aus. Deshalb im nächsten Kapitel der Exkurs dorthin. Auch wenn wir darin nicht über deinen Traumjob sprechen sind Auswahlverfahren der Weg dorthin die Stelle zu bekommen, die du dir wünschst in deinem Lieblingsberuf. Also solltest du einiges an Fakten darüber wissen, die dazu führen, dass du dich gut vorbereiten kannst. Eigentlich sind sie nichts anderes wie die Erweiterung eines Einstellungstests plus Vorstellungsgespräch. Nun also der schnelle Exkurs in einfachen Worten für zwischendurch, der das AC, seine Methoden, Formen und Qualitätskriterien präsentiert.

6. Assesment-Center: Das Personal-Auswahlverfahren

Was ist das eigentlich, ein AC? Kurz und gut ist es kein Einstellungsverfahren in dem ständig mündlich oder schriftlich oder per Multiple Choice Fragen beantwortet werden müssen. Es ist mehr. Leistungsabfrage. Auch zur Allgemeinbildung.

Traumjob gefunden. Stelle noch nicht bekommen. Die Auswahl gelingt den Firmen mit dem AC, was Assesment Center bedeutet. Aber wie funktioniert das eigentlich?

In der deutschen Übersetzung bedeutet das Ganze „Beurteilung" und dient als Methode, um Personen einzuschätzen, die für Ausbildung oder Angestelltenverhältnis oder überhaupt im Betrieb ausgewählt werden sollen. Dabei kann es auch um Führungskräfte und deren Aufstieg gehen. Über diverse Übungen und Wissenstests wird herausgefunden, wer am besten geeignet ist. Was es hier allerdings seltener mitten im Test gibt, ist das persönliche Gespräch. Das findet erst im Anschluss an den Test statt.

In manchen AC werden Rollenspiele durchgeführt, in anderen gibt es Gruppendiskussionen und weiteres. Ein Bewerter geht reihum, während die Tests stattfinden und begutachtet die Teilnehmer nach Körpersprache, Ausdruck und Co. Dabei gibt es AC die einen Tag oder an mehreren Tagen stattfinden. Je nachdem, was erreicht werden soll. Gewissenhafte AC werden sich auf mehrere Tage beziehen, da zunächst Einzelleistungen getestet werden, um im Anschluss die Möglichkeiten und Stärken in der Gruppe zu erproben. Dadurch werden auch Schwächen gefiltert. Nur so können optimale Teams zusammengestellt werden. An dieser Stelle wird auf die Potentialanalyse verwiesen, aber auch auf das Development Center. Beides Varianten, auf die wir später noch zu sprechen kommen.

6.1 Assesment-Center-Arten:

Einzelcenter: Hier wird im oberen Segment der Firmen gearbeitet und die Tests der Probanden werden anonym durchgeführt und ausgewertet. Bedeutet, dass sie ihren Namen nicht auf die Arbeitsblätter notieren, sondern für die neutrale Bewertung die Anonymität vorweisen. Diese Methode wird zumeist im Management angewandt, um höhere Stellen besetzen zu können.

Management-Audit: In diesem Fall verläuft nichts anonym, aber die Auswahlmethoden gleichen dem Einzelcenter, denn hier wird individuell die Leistung bewertet, um den richtigen Kandidaten für einen neuen Posten auszuwählen. Die Inhalte des AC sind keine Anderen als die aus dem Einzelcenter, allerdings wird nicht firmenintern bewertet, sondern die Bewertung erfolgt durch externe Personen, die hier sachlich-neutral handeln können, weil sie die Teilnehmer nicht kennen. Aus dem Grund ist es logisch, dass die Angabe der Anonymitäten schlichtweg entfallen kann.

Entwicklungs- und Development-Center: Hierbei geht es darum, Mitarbeiter für Aufgaben zu qualifizieren und quasi eine Weiterentwicklung zu starten, um neue Positionen oder Abteilungen frisch zu besetzen.

Die Aufgaben werden online und durch externe Berater durchgeführt. Was zu besetzende Ausbildungsstellen betrifft, wird das Potenzial-Assesment genutzt, was sich zur Analyse der Stärken eignet.

6.2 Assesment-Center-Methoden:

Es hört sich krass an, aber dass du ängstlich und gestresst bist und am liebsten wieder heimwärts gehen würdest, wird in den Phasen des AC ausgenutzt. Es soll sich zeigen, wie belastbar du bist. Besonders wenn es um Teamaufgaben geht. In Projekten und Organisationsstress innerhalb des Berufsalltags sollst du auch in deinem Traumberuf beweisen, dass du bestimmten Situationen gewachsen bist und sie durchhalten kannst.

Bevor ich am Ende alle Methoden, die es so gibt aufzähle, möchte ich dir von einem AC im Bereich „Schüler und Ausbildung" erzählen, an dem ich einmal teilgenommen habe und in dessen Ergebnisverlauf mir mitgeteilt wurde, dass ich am besten abgeschnitten hätte, aber mit meiner vielen Fragerei nerven würde. Ich fragte, wofür das AC gut ist, da ich das Gefühl hatte, dass die demotivierten Mitarbeiter in diesem Grundausbildungskurs es nur durchführten, weil es im Lehrplan des Weiterbildungsinstituts als Vorschrift verifiziert war. Daraufhin wurde mir die dumme, objektive Antwort erteilt, dass ich zu viel Frage. Weil sie selbst keine Antworten wussten. Zudem war das ganz klar kein Verhalten, zu dem AC dienen. Denn sie sollen produktiv die Leistung fördern. Ich war nicht überrascht, dass mir die demotivierten Mitarbeiter solche Antworten gaben. Das AC brachte mir keine neue Erkenntnis, aber war interessant und gab Bestätigung.

Wie lief das denn nun ab?

Es war so ein Gemisch zwischen Einzel- und Gruppencenter, um zu filtern wo die Stärken und Schwächen liegen. Was ich ja schon berichtete. Natürlich wusste ich auch da schon dass sie bei mir im Schreiben und kreativen Ideen von Geschichten, in Organisation und komplexem Denken liegen und in der Texterfassung. Das wurde gar nicht tiefgehend geprüft, sondern alles nur mit stockigen Übungen. Trocken, aber auch nicht zu dumm.

Fragen beantworten nach dem Multiple-Choice! Politische, allgemeinbildende, welcher aus aktuellem lokalem Geschehen usw.

Radmuttern drehen, um technisches Geschick zu filtern: Völlig gescheitert bei mir. Wie genau die Übung verlief kann ich euch nicht mal wiedergeben.

BUCHTITEL

Puzzleteile, Kniffeln: Lief ganz gut.

Text weiterdenken und schreiben: Klasse.

Basteln: Schrecklich, aber es passte. Ich mag Basteln nicht und habe kein Fingergeschick. Eigentlich schade, da Basteln etwas Schönes ist. Meine Ergebnisse allerdings schauen ziemlich scheußlich aus.

Das Ergebnis wurde nie vorgelegt, es wurde auch nichts nach dem AC genutzt. Es hieß, dass Externe sich mit der Auswertung beschäftigen und mein Eindruck war ohnehin, dass die Beschäftigen vor Ort keine Ahnung haben. Wichtig ist noch zu nennen, dass die einzelnen Aufgaben in diversen zeitlichen Intervallen gelöst werden sollten.

Also ein recht niederschmetterndes Ergebnis, wenn man doch bedenkt, wie klassifiziert einige Methoden sind und wie spektral sie angewandt werden können und dass auch bei diesen erststufigen AC in der Zeit der Ausbildungssuche. Und nun wie versprochen hier eine Liste zu den einzelnen Methoden:

- Interviews, die häufig zu Beginn durchgeführt werden

- Gruppendiskussionen um eine Sache, in der gefiltert wird, wer sie wie einbringt und etwas sagt, das sich produktiv auswirkt
- Postkorbübungen und Helikopterinterviews. Hierbei geht es um die Übung der Stillen Post und darum, zu testen, wie gut Informationen weitergegeben werden und wie effektiv der Nutzen ist. Es ist ungemein wichtig innerhalb eines Betriebes Notizen, Mails und Telefonate im Inhalt so wiederzugeben, dass nichts verfärbt wird oder anders dargestellt wird
- Rollenspiele. Hierbei wird darauf geachtet, was mit dem AC erreicht werden soll. Geht es darum, eine Führungskraft im Produktmarketing zu finden, sind Verkaufsgespräche sinnvoll. Auch dann, wenn Dienstleistungen wie Versicherungen vermittelt werden sollen oder ein Event moderiert werden soll. Du weißt ja selbst, wenn das deine Traumbranche ist, musst du gut reden können und die Präsentation erfolgt im Reden und in der Ausstrahlung. Daher ist es unabdingbar gut auszusehen, selbstbewusst mit dem entsprechenden Kostuem in passenden Farbtönen aufzutreten. Hört sich schwierig an,

ist aber auch logisch. Du stehst ja für das, was du präsentierst. Von daher wird man Käufer und Verkäufer gegenüberstellen und sich in Rollenspielen ausprobieren. Dabei werden zugleich die Gespräche unter Mitarbeitern ausgeübt.

- Präsentationsaufgaben: In Gruppen dargestellt sowie in Kleingruppen
- Es gibt sogar den Gabeltest, der bei längeren AC durchgeführt wird, um die Benimmregeln am Tisch zu testen (ja, man guckt doch jedem auf die Finger und nicht immer müssen Wanzen eingesetzt werden, um hintergründig zu schauen, wie gut sich jemand eignet)

6.3 Assesment-Center-Ablauf:

Vor Beginn werden alle Teilnehmer über Aufgaben, Ziele und Anforderungen informiert und die Aufgaben werden so zusammengestellt, dass sie der Zielgruppe und dem, was erreicht werden soll, gerecht werden.

Im AC sollte es immer zwei Personen geben, die den Ablauf betreuen. So kann jedem etwas auffallen, das der Andere nicht sieht, nach dem Motto dass vier Augen mehr sehen als zwei.

Zudem sollten die zeitlichen Intervalle zwar gleich sein, aber je nach Schwierigkeitsgrad der Aufgaben auch in Anpassungsfähigkeiten formiert sein.

Ich persönlich fand es nicht so gut, dass die sog. Beobachter manchmal direkt hinter einem standen und damit verunsicherten und auch gleichzeitig unter Druck setzen, es doch nun richtig gut machen zu wollen. So wird euch das AC unter Druck auch nicht zeigen, welche Fähigkeiten die euren sind oder inwiefern der Traumberuf wirklich umsetzbar ist in der Praxis, also, ob er zu euch passt. Dennoch ist das AC, was die

BUCHTITEL

Einstellungen von Personal betrifft, doch eine sehr gute Methode der Auswahl.

NAME DES AUTORS

6.4 Potenzial-Analyse:

Hierbei geht es um die Theorie die im AC die Praxis eröffnet. Was kannst du gut, wo willst du hin, was begeisterte dich schon immer, was sind deine Neigungen, Hobbies und Fertigkeiten?

Du sitzt mit einem Berater im Raum der dich befragt. Zu dir selbst. Du sollst dir einen Spiegel vorhanden und nicht spiegelverkehrt denken. Du sollst nicht abheben, in dem du dem Spiegel sagst, du seist die Schönste und Klügste im ganzen Land, aber auch nicht lügen und dich selbst täuschen in dem du giftige Äpfel für gesund verkaufst. Wenn du verstehst, was ich meine…

Und auch hier ein Praxisbeispiel aus meinem Leben. Bei der Berufsberaterin im Jahr 1999. Hingeschickt vom Weiterbildungsbetrieb mit den Worten „da sitzt wieder eine, die wir nicht vermittelt kriegen, weil sie so anders ist." Die Chefin des Betriebes mit ihrem Enten-Gesicht war sich sicher, dass die Komische Type auch nicht weiß, was sie werden will. Vielleicht auch nicht, wer sie ist. Jedenfalls wurde ich damals schüchternes Ding, dass keinem sagte, dass es eigentlich Schriftstellerin werden wollte, zur Berufsberaterin ins Arbeitsamt (heute Agentur für Arbeit mit Jobcenter) geschickt. Die Dame sollte so eine Potenzial-Analyse mit mir veranstalten. Sie war nett, resolut, forsch, blond und lächelte mit ihren 35 Jahren vor knapp 20 Jahren wie heute noch immer. Ihr Spitzname war „Bruni." Vielleicht liest sie irgendwann mal diesen Ratgeber und will mich in der Luft zerreißen. Dann kann ich natürlich lächeln und nennen, dass ich in meinem Traumjob wirtschafte, den sie mir nie verschafft hätte und in meinem eigenen Geschäft. Ich hoffe nämlich, dass ihr da auch hinkommt. Ist schließlich Ziel dieses Buchs hier.

Im Prinzip ist es auch lustig, dass gerade ich, die als unvermittelbar galt, ein Buch darüber schreiben soll, wie man denn dahin kommt, den Traumjob zu finden und in ihm am besten ein Leben lang zu arbeiten. Da wurde erkannt, welches Potenzial von nutzen ist.

„Bruni" jedenfalls erkannte es nicht. Sie fragte mich, was ich mag, was ich nicht mag, was ich kann und nicht und welche Noten ich in welchen Schulfächern hatte, da ich einige Monate zuvor meinen Abschluss gemacht hatte. Ich nickte, antworte kurz und knapp und irgendwann sagte sie: „Kind, wie ich dir helfen kann, weiß ich nicht. Wenn du nicht redest." Ich war daraufhin der Trotzkopf und ergänzte mit einem vollständigen Satz: „Ich sage jetzt gar nichts mehr. Das, was ich arbeiten will, können Sie sowieso nicht vermitteln." Daraufhin fragte mich die Berufsberaterin was das denn sei und ich antwortete natürlich nichts mehr. Sie hätte mich ausgelacht, das wollte ich mir doch ersparen.

Jahre später sollte mein Potenzial erneut getestet werden. Mir nannte ein Fallmanager dass es mir doch mal peinlich sein sollte, mich Autorin zu nennen. Das müsst ihr euch mal vorstellen. Mitten im Jobcenter. Er regt sich heute noch auf, dass ich mich selbstständig machte als Autorin und immer noch tätig bin im Traumberuf! Was hat er nicht alles versucht mir meinen Weg wie in der Steinzeit im wahrsten Wortsinn zu versteinigen.

Potenzialschöpfungen könnt ihr am besten erlangen, wenn ihr euch selbst prüft. Unternehmerisch werden sie nur da erlangt, wo der Betrieb etwas von nutzen hat und wirklich jemanden losschickt, der etwas davon versteht, das Potenzial zu filtern und nicht etwa, es zu begradigen. Verbiegen bringt nämlich nichts und lässt auf Dauer ALLE verkrampfen. Schließlich soll deine Arbeit von produktivem Nutzen sein. Egal ob du Apothekerin bist, Tänzerin, Gärtner oder Töpfer. Ganz egal was: Es soll dir Spaß machen. Auch im Zeitalter der Digitalisierung.

6.5 Development-Center:

Diese Art von AC ist die Erweiterung der Potenzialanalyse, wenn es sich darum handelt, Aufgaben zu flankieren. Will man im Betrieb aufsteigen und hat es dorthin geschafft, können die Developments einsteigen. In der deutschen Übersetzung bedeutet das nichts anderes, als dass es sich um ein Entwicklungscenter handelt, was bereits prognostiziert, dass es um eine Forbildung geht und nicht um die Einzelcenter, über die wir anfangs sprachen. Hier gelangst du an, wenn du schon eine Weile im Traumjob arbeitest und getestet wird ob du für einen Aufstieg bestens geeignet bist.

Praktisch verläuft das Ganze so, dass du verschiedenen Situationen ausgesetzt wirst. Dabei spielt das Narrativ eine große Rolle, denn jeder Mensch verhält sich in diversen Situationen komplett anders und soll in sie hineinschlüpfen. Hierbei wird getestet, wie gut du darin bist und wie gut oder schlecht du andere Menschen einschätzen kannst und für dich gewinnst. Wenn du Teams leiten sollst oder Dinge verkaufen sollst, dann ist es wichtig in diese diversen Rollen zu finden und so eine Art Schauspieltalent zu besitzen.

Die Verfahren verlaufen wie in den anderen AC, nur dass hier so eine Art Selbstauskunftsbogen gefordert wird, in dem du dich und deine Durchsetzungskraft selbst einschätzen sollst. Das ergibt ein Maximum von Punkten zu denen du dich sehr gut eignest, die aber auch beweisen, wie du wo im Betrieb eingesetzt werden kannst. ES gilt in diesem Verfahren schließlich den Geeignetsten zu finden. Zum Schluss wird sich das einer Kosten-Nutzen-Optimierung gleichen. Wissenschaftlich konkretisiert bedeutet das Ganze dass die Teilnehmer durch mehrere Development-Center ihr Entwicklungspotenzial konkretisieren und ausbauen können. Bist du Mitarbeiter, so sollst du in deinem Potenzial bestmöglich so unterstützt werden, dass du es stets gut und konkretisiert einsetzen kannst, um Kollegen zu leiten, Projekte durchzuführen und all das, was deinen Traumberuf betrifft, so umsetzen zu können, wie du es dir immerzu vorgestellt hast.

Im Endeffekt wird das Selbstbewusstsein gestärkt und diese „Center" dienen der Karriereplanung. Durch das Development-Center erhält man auch eine individuelle Auskunft zu Stärken und Schwächen, was ebenfalls dienlich für die Arbeit innerhalb Führungspositionen ist.

Für die Unternehmen ist das Ganze von sehr großem Nutzen, denn sie können ihr Personal entsprechend der Qualifikationen einsetzen und entsprechend der Kompetenzen einplanen. Wer gute Arbeit kann durch diese Verfahren langfristig an das Unternehmen gebunden werden, was für alle von Nutzen ist.

Nun, das war der Exkurs zu den Auswahlverfahren. Und wer jetzt gähnt, der sollte nochmals bedenken, dass er, wenn er sich nicht selbstständig macht oder freiberuflich herumwandelt, angestellt arbeiten muss. Und dann muss man sehr oft an diesen Auswahlverfahren teilnehmen. Mehrere Tage. Aber was überstehen wir nicht alles im Leben?

Als es mir damals in der Ausbildungs- und Job und Orientierungssuche, die ich sowieso nie brauchte, reichte, schmiss ich dem Leiter und stellvertretendem Chef des Arbeitsamtes seine Zigaretten in den Kaffee. So wie damals Rainer in der Serie „Anna" bei seinem Chef. Das war grandios für alle. Der damalige Leiter setzte sich übrigens mit 59 Jahren zur Ruhe und bastelt seitdem Lampen aus alten Dachziegeln. Ich glaube, das liegt ihm mehr, als ein Arbeitsamt zu leiten. Er hat sein Potenzial entfaltet, seinen Traumberuf gefunden und sich

BUCHTITEL

vermutlich erst mit 59 Jahren getraut, dass auch öffentlich zu machen. Im Ruhestand. Als Hauptbeschäftigung. Ich warte nicht bis zur Rente und freue mich über das, was einem gegeben wird und woraus wir alle individuell etwas machen. Wir sind alle Schiffchen auf der See und letztlich wollen wir alle in einem Boot des Sozialen Gefüges sitzen.

7. Probezeit: Nicht zu viel erwarten, aber viel geben

Du bist in deinem Traumjob. Im Traumbetrieb. Hast Einstellungstest, AC und Vorstellungsgespräch geschafft oder nur eines von dem Trio, wenn nur eines möglich war. Nun, Herzlichen Glückwunsch. Aber den ganzen Kuchen hast du erst gewonnen, wenn die Probezeit rum ist. Die dauert 1-4 Monate, je nach Betrieb. In Ausbildungszeiten meistens 4 Monate. Früher waren das mal 6 Monate.

Nun, hier gilt es, sich zu bewähren. Wer aber zu viel von sich erwartet, der wird nichts leisten. Und wer ausgenutzt wird zu Botengängen, Putzen und Kaffee kochen der sollte gleich wieder gehen oder erst dann, wenn ein anderer Betrieb gefunden wurde. Wenn dir kein Potenzial zugetraut wird, solltest du dich schützen und an deine Psyche denken. Dann, wenn das Mobbing antritt. Mache dich selbstständig – wenn du extravagant bist und es in deinem Beruf möglich ist oder ohnehin am besten. Wichtig ist die Leistung. Wenn man allerdings Vorurteile hat oder einen Mitarbeiter im Betrieb der Menschen schlecht macht, weil er etwas von ihnen gehört hat, was nicht in das Berufsleben zählt sondern in sein privates Metier, sollte man, sofern das von Beginn an bekannt ist, gar nicht dort arbeiten. Da kann deine Mappe noch so gut sein. Leider musste ich diese Erfahrungen mitbekommen, über Bewerber im Betrieb oder über mich selbst.

Wer anders ist- ist raus. Wer zu viele Fragen stellt, auch. Er bekommt keine zweite Chance. Obwohl er mehr Potenzial als andere in der Firma hat. Man setzt ihm Dinge vor, die keine Aufgaben sind sondern Dreck oder Beschäftigungstherapie. Irgendein Mistzeug, das die Kollegen nicht machen wollen. Freiwillig mit am Teetisch sitzt da keiner.

Was also tun, wenn man die Probezeit nicht besteht, wegen Mobbing, weil man selbst raus will, aber noch keinen neuen Job hat, dennoch genau weiß, dass das Können, die Energie und das Potenzial vorhanden sind?

Mach dich selbstständig!

Leicht gesagt? Ja und Nein.

Zuckerschlecken für dich mit deinem Können, deinem Talent…..? Nein, leider auch nicht. Denn das allein reicht nicht für den Wirtschaftsmarkt. Von Luft und

Liebe kann man ja auch nicht lieben, dennoch macht sie glücklich, auch wenn sie kaum nötig ist für das Leben. Aber für die psychische Gesundheit. Geliebt zu werden ist wichtig. Und wenn man da schon wenig erhält, muss die Liebe über die Anerkennung der Leistung im Job kommen. Die Kundenechos. Die Auftraggeberwünsche. Dein Name unter dem, was du produziert hast. Dafür musst du nicht das Rad neu erfinden, aber jeden Tag neue Ideen präsentieren, die aus dir sprudeln, weil du es kannst.

Meine Zeilen klingen schön, aber auch wie von so einem Coach der auf „Youtube" einen erzählt. Dennoch ist es kein Gerede. Denn ich habe es geschafft. Wie erzähle ich dir gleich. Und dabei kannst du alles, was du hier liest, auf deinen eigenen Traumjob projezieren und überlegen, wie auch du es schaffen kannst. Insgeheim ist aber anzuraten nicht noch 20 Ratgeber zu lesen, denn du sollst aktiv werden und nicht vom zugucken lernen. Was auch nicht funktioniert. Darüber hab ich dir bereits etwas erzählt. Auf dich wartet keiner. Du musst ihm nur zeigen, dass er auf genau dich gewartet hat. Die Welt ist voller Menschen und Talente. Durchbeißen müssen wir uns jeden Tag. Der Ponyhof ist nur im Sandkasten der Kindheit zu finden und selbst da wird sich mit dem

BUCHTITEL

Nachbarskumpel über die Förmchen gestritten.
Philosoph Precht erwähnte kürzlich in einem Interview:
„ In dieser Welt muss man mit allen Wassern gewaschen
sein." Erstrecht, wenn man dich auf dem Kicker hat.
Und ja, man muss mit den Wassern gewaschen sein.
Nicht unbedingt mit dem Strom schwimmen. Aber
Beziehungen und ausgeklügelte Tricks braucht es. Das
geht nicht immer mit den weißen Schafen. Die Grauen
sind gefragt. Sich zwischen den Schwarzen unter ihnen
durchzubeißen. Und wenn du erst Mal vorne bist, dann
kannst du dich herzerfrischend freuen. Du hast es
geschafft.

8. Selbstständigkeit im Traumjob: Leistung anbieten, Lob bekommen. Schritt für Schritt

Was ganz wichtig ist: Erwarte am Anfang nicht zu viel, sondern gehe deinen Weg bitte Schritt für Schritt.
Neulich las ich von einer Schulabgängerin der Zeitung, dass sie vorhätte, bald eine Stelle in einem Unternehmen anzutreten und zwar in der Führungsposition. Am besten noch heute. Mal eben schnell studieren und gleich rein in die Manager-Stufe.

Mir sind solche Leute zu wieder und oft fallen sie auch auf die gute alte Schnauze. Ja, so muss man es sagen. Wie Daniela Katzenberger, der es wichtig war, dass in ihrem Buch die Sätze so drin stehen, wie sie auch sagen würde. Das tu ich hier auch. Nicht an jeder Stelle. Ich will ja sachlich bleiben und nur mit den Exempeln aus meinem Real-Life glänzen.

Zu Anfang wäre es wichtig, dass du Eigenkapital hast, um deine Unternehmung zu starten. In jedem Fall solltest du als Kleinunternehmen starten, damit du Steuern sparst. Du musst keine Umsatzsteuer zahlen, kannst dafür nichts absetzen, bekommst nichts zurück und kannst auch keine Mehrwertsteuer auf die Rechnung notieren. Wenn du aber nur wenig Kosten zu Beginn hast und von zu Hause aus im Home-Office wirtschaftest, wirst du kaum Investitionen haben.

Je nachdem in welcher Branche du dich selbstständig machst, werden auch deine Investitionskosten steigen. Wichtig ist immer der funktionsfähige PC, Drucker und Kopierer. Musst du viel zu Kunden fahren kannst du zunächst dein Privatauto nutzen, wenn es kein Spezialfahrzeug sein muss, das angeschafft werden muss. Gut ist eine Werbung am Auto.

Am Anfang wirst du nicht so viel verdienen wie in den späteren Jahren. Es wird hart sein, sich zu behaupten, weil noch kein Kundenstamm besteht und du noch nicht so gut bist, dass du deine Preise erhöhen kannst. Kunden wollen immer den Preis drücken, besonders dann, wenn man freiberuflich in einem künstlerischen Beruf tätig ist. Gut sind immer Webseiten, die du dir auch selbst über Wordpress und andere Anbieter erstellen kannst. Ich habe mir 4 Jahre nach Beginn meiner Freiberuflichkeit ein Logo erstellen lassen.

Neider und freche Kommentare auf den Webseiten wird

es auch geben. Wenn den Menschen erst einmal bewusst ist, dass du etwas erreicht hast. Im vorigen Kapitel sprach ich es an, das Leistung zählt. Besonders wenn man anders ist. Das Gute an der Selbständigkeit ist nämlich dass du in kein Team passen musst. Kein AC nötig. Du musst nicht gefallen. Gefallen muss das, was du beruflich kannst und damit geht es um Inhalte. Wer merkwürdig erscheint ist raus. Hier nicht. Hier geht es vielen Menschen um deine Leistung und nicht, was andere von dir denken oder was deine Hobbies und Meinungen zum Leben sind. Es ist auch egal, wie du optisch wirkst. Zeige deine Leistung auf der Webseite und in Probetexten oder künstlerischen Arbeiten in einer Ausstellung, wenn du zum Beispiel Bildhauerin bist.

Was muss ich mir von Laien anhören, wenn ich sage dass ich Schriftstellerin bin. Da wirst du gefragt, was du beruflich machst und was du gelernt hast. Ob das Amt deine Miete bezahlt und dass du ein brotloser Künstler seist. Also: Ein langer Atem ist notwendig.

Die Selbstständigkeit muss gleich zu Beginn entsprechend Geld einbringen. Weil du auch die Kranken-und Pflegeversicherung zahlen muss. Die Arbeitslosenversicherung sowie die gesetzliche

Rentenversicherung sind freiwillig. Ich würde dir aber empfehlen die Rentenversicherung mit einzubringen.

Bau dir nach und nach einen Kundenstamm auf und betreibe Akquise über diverse Portale und mach dir einen Namen. Zusätzlich kannst du dir – egal in welchem Business du tätig bist, auch einen Blog aufbauen und damit Geld verdienen.

Wichtig ist es, nicht aufzugeben, denn viele Selbstständigkeiten sind bereits nach zwei Jahren vorbei.

Lasst euch nicht verunsichern von anderen, sondern baut auf die Meinung eurer Kunden.

Ich erinnere mich daran, dass der Germanys Next Topmodel-Gewinnerin namens Barbara Meier prophezeit wurde, nie etwas zu erreichen, weil sie keine Ausstrahlung hätte. Heute ist sie erfolgreich und quasi die Einzige der „Mädchen" von der man überhaupt noch etwas hört.

Nach meiner persönlichen Meinung ist die Selbstständigkeit eine gute Möglichkeit sich zu beweisen, wenn man nicht ist wie alle Anderen und nicht mit dem Strom schwimmt. Der Zwiespalt zeigt sich darin, dass man in Bewerbungsgesprächen nicht zu angepasst sein soll, aber auch Angst hat, zu viel preis zu geben. Um so etwas musst du dir als Freiberufler oder Selbstständiger kein Gedankengut streuen. Wichtig ist es immer, ehrlich zu sein und zu zeigen, was man kann. Alles Andere ergibt sich. Wer zu angepasst ist, zeigt, dass er vermutlich nicht genug Selbstbewusstsein hat, um das zu vertreten, was er wirklich will.

Auch ist es nicht schlimm keinen typischen roten Faden im Lebenslauf zu haben. Wer sich gut präsentiert und zeigen kann, wie er den Aufstieg geschafft hat und sich stets verbesser hat, der muss keine durchgängigen und unbefristeten Stellen vorweisen. Vor allem wird es deine Kunden nicht interessieren. Die interessiert nicht mal, was du bislang geleistet hast. Niederschmetternd, aber umso besser, wenn man persönlich immer durchfällt und in keine Teams passt. Leiste Probearbeiten und zwar bezahlt – hab eine Arbeitsmappe. Und wenn du im Handwerksberuf tätig bist dann behaupte dich von Beginn an. Denn hier geht es um die Erprobung in der Übung durch den Meister.

9. Digitalisierung und BGE

Was hat das Ganze mit dem Traumjob zu tun?

Viel. Denn die Digitalisierung verändert die Zeit und die Berufe sowie die Menschen. Dazu kommt das bedingungslose Grundeinkommen (BGE). Wenn es da ist, super. Dann hat jeder weniger Probleme, sich zu finanzieren. Allerdings fallen viele Jobs weg. Dein Traumjob hoffentlich nicht. Aber die Zeit wird sich so verändern dass man nicht mehr wirtschaftet, um Lohn zu erhalten und jeden Job wie am Fließband ausführt. Auch die, die dort laufen. Man wird bewusster leben, sobald das BGE da ist und kann sich die Arbeit suchen, die Spaß macht. Viele werden erst dann arbeiten, wenn es sich finanziell lohnt, aber sie müssen sich an keine 40-Stunden-Woche mehr dranhaften. Bedeutet: Wer sich jetzt noch nicht traut in seinem Lieblingsberuf zu arbeiten und wie Polly Pocket verschlossen im Traumdöschen sitzt und sich nicht heraus traut für den könnte die Digitalisierung und ein Grundeinkommen dazu der Aufstieg werden. Wer wird sich dann nicht alles trauen, sein Potenzial zu entfalten. Ich weiß, dass es sehr rosig klingt, aber dennoch realistisch.

NAME DES AUTORS

Viele Berufe verändern sich und fallen weg. Einiges kommt neu. Wer findet sich dort und wandelt sich durch das automatisch aufkommende Umdenken?

10. Was gibt's noch? Äpfel, Savannen und Outback

Eigentlich könnte ich noch so einiges schreiben. Man kann viel drumrumreden um den Beruf, den man mag oder es lassen. Im Prinzip befinde ich mich schon in den Schlussworten. Was kann ich da mit auf den Weg geben? Findet zu euch selbst. Sucht den Weg zu eurem Ich. Und wenn du dich dann gefunden hast und magst dann kannst du es sogar schaffen lächelnd Birnen für Äpfel zu verkaufen und das Outback als afrikanische Savanne. Es geht um Kreativität. Und die braucht man in jedem Beruf. Genau die das Durchhaltevermögen.

Letztlich kannst du noch einmal dieses Buch durchblättern und überlegen, wo du dich findest. Wo du weiter nach dir suchen kannst, was dich bewegt. Oft sind es die Dinge, die sich im Unterbewusstsein befinden, aber Signale geben, wohin man will. Und das gilt auch für die, die eine neue Stelle suchen, weil sie mit dem alten Beruf nicht mehr zufrieden sind. Natürlich gilt es auch hier, das Passende zu finden. Ihr müsst nicht an einem Assesment Center teilnehmen, um zu gewinnen, sondern könnt es auch selbst durchführen. Stellt euch die

NAME DES AUTORS

Fragen, oder lasst sie euch stellen. Auswählen könnt ihr sie aus dem Internet oder in eurem Umfeld. Lasst es wie so eine Art Rollenspiel gelten.

Zu guter Letzt kann ich euch noch mitgeben, dass ihr alte Träume begraben müsst. Wollt ihr nicht mehr in die Savanne, zieht ins Outback. Sind euch die Birnen lieber als die Äpfel dann nehmt sie. Und werdet glücklich. Denn das ist das Wichtigste! Im Beruf und im Leben! Nur so kommt ihr dahin, den Traumjob ein Leben lang auszuführen!

Viel Glück bei der Jobsuche!

Hinweis: Dieses Werk enthält ein lizenzfreies Bild von Pixabay.com

Alle Rechte vorbehalten. Nachdruck auch auszugsweise verboten.
Kein Teil dieses Buches, darf ohne Genehmigung des Autors in irgendeiner Art Vervielfältigt oder veröffentlicht werden.

www.ingramcontent.com/pod-product-compliance
Lightning Source LLC
Chambersburg PA
CBHW030953240526
45463CB00016B/2528